Peggy Werner

Autonomie, Privatheit und Selbstbestimmung

GRIN Verlag

Bibliografische Information der Deutschen Nationalbibliothek:

Die Deutsche Bibliothek verzeichnet diese Publikation in der Deutschen National-
bibliografie; detaillierte bibliografische Daten sind im Internet über http://dnb.d-
nb.de/ abrufbar.

Impressum:

Copyright © 2006 GRIN Verlag GmbH
Druck und Bindung: Books on Demand GmbH, Norderstedt Germany
ISBN: 978-3-656-17597-1

Dieses Buch bei GRIN:

http://www.grin.com/de/e-book/192519/autonomie-privatheit-und-selbstbestimmung

HUMBOLDT-UNIVERSITÄT ZU BERLIN
INSTITUT FÜR INFORMATIK
INFORMATIK IN BILDUNG UND GESELLSCHAFT

Proseminararbeit

Autonomie, Privatheit und Selbstbestimmung

im Fach Informationelle Selbstbestimmung

vorgelegt von
Peggy Werner

Berlin, August 2006

Inhaltsverzeichnis

1. Einleitung

In Bezug auf das in dem von mir besuchten Proseminar behandelten Thema der informationellen Selbstbestimmung beschäftige ich mich in meiner Arbeit zunächst mit den im Zentrum stehenden Begriffen Autonomie, Selbstbestimmung und Privatheit. Auf Grundlage ihrer Definitionen werde ich sie im Folgenden in Zusammenhang setzen und ihre Bedeutung für das gesellschaftliche Zusammenleben aufzeigen. Ziel meiner Arbeit ist es, zentrale Fragestellungen des Themas zu klären: Warum sind Autonomie, Selbstbestimmung und Privatheit unerlässliche Pfeiler einer liberal-demokratischen Grundordnung und Gesellschaft? Was ist privat und was ist öffentlich? Wann handelt man autonom und welche Bedeutung wird dabei der Authentizität einer Person beigemessen? Warum ist „Privatheit oder das Recht auf informationelle Selbstbestimmung [...] ein Grundbedürfnis des Menschen"?[1]

---

[1] Müller, Eymann, Kreutzer: *Privatheit*, Auszug aus *Telematik- und Kommunikationssysteme in der vernetzten Wirtschaft*, 2002, 1.

2. Liberal-demokratisches Betrachtungsfeld

Bevor man sich mit der Theorie der Autonomie, Privatheit und Selbstbestimmung beschäftige, sollte das Betrachtungsfeld eingegrenzt werden. Der Blick richtet sich auf eine liberale und demokratische Grundordnung.

Der Begriff des Liberalismus stammt aus dem Lateinische (liber: frei, liberalis: die Freiheit betreffend, freiheitlich). Die liberale Theorie wird grundlegend von vier Säulen gestützt: Freiheit, Gleichheit, Demokratie und ein neutraler Staat. Jedem Individuum einer liberalen Gesellschaft werden Grundrechte in Form von individuellen Freiheitsrechten zugesprochen, beispielsweise allgemeine Handlungsfreiheit, Religions-, Meinungs-, Versammlungs-, Vereinigungs- oder Berufsfreiheit. Die Eigentumsgarantie, das Recht auf privates Eigentum, gewährleistet die Freiheit des Einzelnen. Die Betrachtung aller Individuen unter Gleichheit garantiert eine gleiche Behandlung und gleiche Freiheitsrechte aller. Indem sich der Staat, welcher einer Demokratie entstammt, neutral gegenüber seinen Bürgern verhält, schützt er ihre Freiheitsrechte. Neutralität sollte hierbei nicht mit Indifferenz verwechselt werden, sondern als Zulassung und Garantierung der Freiheitsrechte verstanden werden. Alle Gesellschaftsmitglieder sollen frei wählen können, welche Form des Leben sie für gut und erstrebenswert erachten und ihre Entscheidungen ohne Einflüsse des Staates fällen dürfen.

3. Verhältnis von privat und öffentlich

Bevor der Blick auf den Begriff der Privatheit gelenkt wird, ist es sinnvoll zu klären, welche Bereiche des Lebens unter privat und welche unter öffentlich fallen. Der quasi-natürliche Begriff des Privaten versteht unter ‚privat' das Gefühl, Heim und Herd und setzt die Frau symbolisch dafür ein. Unter ‚öffentlich' wird dahingegen der Verstand, Intellekt, das berufliche Leben angeführt und durch den Mann symbolisiert, was eine deutlich geschlechtsspezifische Darstellung hervorhebt. Die moderne Abgrenzung von Privatheit und Öffentlichkeit lässt uns das Verhältnis mittels zweier Modelle beschreiben.

Das so genannte Zwiebelmodell [2] grenzt die Sphären des Privaten und Öffentlichen räumlich gegeneinander ab. Der innerste Bereich der ‚Zwiebel' ist persönliche und körperliche Intimität und Privatheit, z. B. private Tagebucheinträge, welchem gegenüber alles andere öffentlich ist. Die nächste Stufe wird durch den klassischen Privatheitsbegriff, Familie und andere intime Beziehungen und Freundschaften abgegrenzt. Demgegenüber öffentlich ist wiederum die nächste Stufe des Modells, der gesellschaftliche Bereich und die staatliche Organisation.

Im zweiten Modell der Unterscheidung zwischen Privatheit und Öffentlichkeit versteht man das Private als gesicherte und schützenwerte Handlungs- und Verantwortungssphäre, wodurch unabhängiges Agieren der Individuen ohne Beeinflussung durch die Öffentlichkeit, u. a. Staat und Gesellschaft, möglich wird.

Mithilfe des Zwiebelmodells wird die Abgrenzung von privat und öffentlich räumlich und konventionell definiert vorgenommen. Das zweite Modell beschreibt sie mittels Handlungssphären. Um einen homogenen Begriff der Privatheit zu definieren, ist es nötig beide Modelle zugrunde zulegen und sie zu vermischen, was im Folgenden bei der Definition von Privatheit dargestellt wird.

---

[2] Siehe Abb. 1, S. 16. Darstellung der Abgrenzung von privat und öffentlich mittels Zwiebelmodell.

4. Privatheit

Um nun beiden Modellen der Abgrenzung vom Privaten gegenüber dem Öffentlich gerecht zu werden, kann man der Privatheit laut B. Rössler drei Grundtypen zuordnen. Privat ist nun eine Handlungs- und Verhaltensweise eine Person, beispielsweise welche Kleidung sie trägt oder ob und welche Religion sie ausübt. Privat ist ebenfalls bestimmtes Wissen über und von einem Individuum, z. B. private Informationen wie medizinische Daten, was man über seine Mitmenschen denkt oder mit wem man zusammenlebt. Weiterhin gelten ganz klassisch Räume, Wohnungen und Zimmer, als privat. Betrachtet man diese drei Grundtypen stellt man fest, dass sie nicht überschneidungsfrei definiert werden können, was jedoch eine allgemein gültige Definition von Privatheit nicht ausschließt.

Man kann definieren, dass etwas dann „[…] als privat gilt […], wenn man selbst den Zugang zu diesem >>etwas<< kontrollieren kann".[3] ‚Kann' wird hierbei „im Sinn von >>kann und/oder sollte und/oder darf<<"[4] und der Zutritt als Wissenszugang, z.B. Eingriffsmöglichkeit oder Mitspracherecht, verstanden. Privat ist etwas also dann, wenn eine Person berechtigt und in der Lage dazu ist den Zugang zu einem ‚Etwas' zu kontrollieren. Beispielsweise befindet sich ein gestohlenes Tagebuch zwar im Besitz des Diebes, welcher den Zugang zu ihm kontrollieren kann, dennoch ist er es nicht als privat betrachten, da er der Zugangskontrolle nicht berechtigt ist. Der Schutz von Privatheit steht demnach in direktem Zusammenhang mit dem Schutz vor unerwünschtem Zutritt anderer.

Anhand der drei genannten Grundtypen und Formen des Zutritts zu Handlungs- und Verhaltensweisen, Wissen und Räumen können nun drei verschiedene Dimensionen der Privatheit unterschieden werden.[5]
Ein Zimmer oder eine Wohnung ist dann privat wenn man den Zugang kontrollieren kann und den Anspruch anderen gegenüber hat, in diesen Räumen und Bereichen geschützt zu sein, indem man sich der Beobachtung Dritter entziehen kann. Die

---

[3] Rössler, *Der Wert des Privaten*, 2001, 23.
[4] Rössler, *Der Wert des Privaten*, 2001, 24.
[5] Die folgende Darstellung der drei Dimensionen der Privatheit stützt sich auf Rössler, *Der Wert des Privaten*, 2001.

Verletzung dieser Form des privaten Raumes eines Individuums besteht im unbefugten Zutritt, Beobachtung oder Störung. Diese Dimension des Privaten, welche der Form des Zutritts konkret physische Bedeutung beimisst, wird als lokale Dimension der Privatheit definiert.

Des Weiteren kann man die Form des Zutritts metaphorisch betrachten. So sind Daten und Informationen dann privat, wenn eine Person Kontrolle darüber hat, wer welchen Wissensstand über sie hat und wer welche relevanten Daten über sie weiß. Sie hat demnach Anspruch, vor nicht gewolltem Zugang, im Sinne von Eingriff durch andere in ihre persönlichen Daten, geschützt zu werden. Somit benötigt jede legitime Verbreitung von Informationen über eine bestimmte Person deren Zustimmung, ansonsten würde die Privatheit verletzt. Betrifft die Form des Zutritts also Informationen oder Wissen, nennt man dies die Dimension informationeller Privatheit einer Person.

Eine weitere Form der als metaphorisch betrachteten Möglichkeit des Zutritts zu einer Sache, ist der Eingriff in Verhaltens- und Handlungsweisen. Handlungen, Verhalten oder Lebensweisen sind dann privat, wenn eine Person den Anspruch hat, vor ungewünschtem Zutritt, im Sinne von nicht gewollten Einsprüchen, Fremdbestimmen oder unerwünschtem Hineinreden ihre Entscheidungen, Handlungen oder Lebensweisen, geschützt zu sein. Die deshalb als dezisionale Privatheit bezeichnete Dimension der Privatheit ermöglicht einer Person die Kontrolle des Zugangs anderer zu sich selbst. Verletzungen bestehen hierbei in unerwünschten Äußerungen negativer sowie positiver Art zum Verhalten oder Handeln eines Individuums.

5. Autonomie

Im Folgenden wird der Begriff der ‚Autonomie als real gelebte Freiheit' näher betrachtet und letztlich in Zusammenhang mit Authentizität gesetzt.

5.1. Autonomie als real gelebte Freiheit

Um das Verständnis von Autonomie als real gelebte Freiheit zu stützen, lässt sich zu Beginn die Definition von Freiheit anführen. Diese kann allgemein als Unabhängigkeit von äußeren Zwängen verstanden werden. Sie beschreibt die „Fähigkeit, eine autonome Person zu sein, d. h. autonom die Art und Form des Lebens, welches man führen will, zu bestimmen, sofern dies mit der gleichen Freiheit von anderen verträglich ist." [6]

Der aus dem Griechischen kommende Begriff Autonomie (griech. autonomia) bedeutet Selbstständigkeit, Eigengesetzlichkeit oder Selbstgesetzgebung. Es ist die „Fähigkeit des Menschen, sich als Wesen der Freiheit zu begreifen und aus dieser Freiheit zu handeln",[7] was sich mit der Definition von Autonomie im Sinne real gelebter Freiheit deckt. Somit ist die die eigentliche Realisierung von Freiheit eine autonome Lebensführung, ein Leben wofür man sich selbst gute Gründe geben kann. Diese ‚guten Gründe' findet man, indem man sich die so genannte ‚praktische Frage' stellt: Wie will man leben? Welche Person möchte man sein und werden? Wie strebt man sein eigenes Wohl idealer Weise an? Somit kann man die Definition von Autonomie auf das Stellen der praktischen Frage nach Lebensziele, Projekte, Wünsche und Handlungen und das daraufhin danach leben zu können, erweitern.

---

[6] Pauer-Studer, *Privatheit: Ein ambivalenter, aber unverzichtbarer Wert*, 2002, 3.
[7] Wikipedia, Die freie Enzyklopädie. *Autonomie (Philosophie)*. Bearbeitungsstand: 04.08.2006.

5.2. Zusammenhang zur Authentizität

Um nun den erweiterten Begriff der Autonomie in Verbindung mit Authentizität zu setzen, benutzt man deren Definition. Authentizität bedeutet im Allgemeinen Echtheit oder Originalität. Angewandt auf Personen bedeutet es, dass das Handeln einer Person frei von externen Einflüssen ist, nicht fremdbestimmt wird, sondern original von der Person selbst stammt. Manipulation oder Gruppenzwang beispielsweise untergraben Authentizität. Eine Person ist demzufolge dann autonom, wenn ihre Wünsche oder Ziele und ihre daraus folgenden Handlungen aus ihr selbst stammen, sie ihre eigenen sind. Das bedeutet sie müssen authentisch sein und die Person muss sich mit ihnen identifizieren können. Somit kann ein Zusammenhang zwischen beiden Begriffen hergestellt werden. Authentizität ist Bedingung für Autonomie: Personen, Wünsche oder Handlungen können nicht autonom genannt werden, wenn sie nicht auch authentisch sind.

Um die Beziehung zusammenzufassen, kann man eine Person als autonom ansehen, „wenn sie sich mit ihren handlungsleitenden Wünschen, mit ihren [aus der praktischen Frage resultierenden] Zielen und Projekten authentisch identifizieren [...] [kann und diese] lebt und leben kann." [8] Sich die praktische Frage zu stellen ist also Grundvoraussetzung für Autonomie. Diese muss jedoch auch authentisch beantwortet sein und nicht etwa fremdbestimmt. Die gefundene Antwort muss dann allerdings noch realisiert und umgesetzt werden, bevor eine Handlung, Entscheidung und letztlich Person als autonom bezeichnet werden kann. [9]

5.3. Einschränkungen

Bei Betrachtung der Begriffe Autonomie und Authentizität kommen Kritikpunkte auf. Worin besteht Authentizität wenn man sich Konventionen, Normen und Gesetzen anpasst? Kann man überhaupt von Autonomie sprechen, wenn man sich in einem gesetzten Rahmen bewegen muss?

---

[8] Rössler, *Der Wert des Privaten*, 2001, 331.
[9] Siehe Abb. 2, S.17. Autonomie als real gelebte Freiheit unter Vorraussetzung von Freiheit und Privatheit.

Eine autonome und authentische Lebensführung jedes Einzelnen ist nur
solange möglich wie die Autonomie und Authentizität anderer nicht eingeschränkt
wird, was Konventionen und Normen entstehen lässt, in denen sich authentische
Entscheidungen des Einzelnen bewegen müssen. Trotz gewisser Einschränkungen
bleibt so die Freiheit der Wahl, wie und ob man sich im gegebenen Rahmen bewegen
möchte, was die obigen Kritikpunkte aufklärt. Würde niemand die Rechte Dritter
beachten, wäre ein gesellschaftliches Zusammenleben im liberal-demokratischen
Rahmen nicht möglich. Aufgrund verschiedener Prinzipien kann eine Einschränkung
der Freiheit und folglich der Autonomie einer Person legitimiert werden.[10]

Das Prinzip der gleichen Freiheit sieht die Einschränkungen als notwendig, wenn
grundlegende Freiheitsrechte anderer verletzt werden. Wer beispielsweise eine Person
in seiner Wohnung einsperrt, verletzt nicht nur deren Handlungsfreiheit.

Auf Grundlage des Grundsatzes negativer Konsequenz wird eine Beschränkung der
Freiheit einer Person gerechtfertigt, falls es größere Konsequenzen für sie selbst oder
eine andere Person hätte, wenn die Einschränkung nicht vorgenommen werden
würde. So ist die Freiheit im Auto durch eine Gurtpflicht eingeschränkt und hat
geringe negative Konsequenzen für den Autofahrer, z. B. Verlust an Bequemlichkeit,
jedoch würde es größere negative Folgen, wie schwere Verletzungen der Person selbst
und ihrer Umwelt, ohne Einschränkung dieser Freiheit des Einzelnen mit sich
bringen.

Des Weiteren sieht das Prinzip der Schadensverhinderung die Begrenzung der
Freiheit einer Person vor, wenn eine Schädigung anderer Personen durch sie
verhindert wird. So ist beispielsweise das Rauchen in öffentlichen Gebäuden
untersagt, um eine Schädigung der Nichtraucher durch intensives ‚Mitrauchen' zu
verhindern.

---

[10] Die folgende Darstellung zur Rechtfertigung der Einschränkung von Autonomie und Freiheit stützt
sich auf Pauer-Studer, *Privatheit: Ein ambivalenter, aber unverzichtbarer Wert*, 2002, 4-6.

6. Zusammenhang Privatheit & Autonomie

Um nun den erarbeiteten Begriff der Autonomie in Zusammenhang mit dem bereits in Kapitel 3 beschriebenen Begriff der Privatheit zu setzen, betrachten man die zuvor genannten drei Dimensionen des Privaten näher. Wie stehen die informationelle, dezisionale und lokale Privatheit in Verbindung mit Autonomie und wieso werden sie überhaupt benötigt und geschätzt?

6.1. Informationelle Privatheit

Die informationelle Privatheit greift bei schützenswerten Daten über eine Person. Die Zugangskontrolle aus der Definition, was privat ist, hat eine Person im Sinne von wer was über sie weiß. Mittels dieser Kontrolle ist jedes Individuum in der Lage gewollt unterschiedlich intensive Beziehungen zu anderen aufzubauen und sich so differiert darzustellen. Als schützenswerte Daten einer Person gelten hierbei zuallererst Gedanken, Gefühle und Einstellungen und alle Daten, die die Person selbst als wichtig empfindet. Des Weiteren zählen personenbezogenen Daten dazu, welche der Identifizierung dienen, sowie Aufzeichnungen und Dokumente einer Person. Auch das was sie zu Hause tut und Daten zu außerhäusischen Bewegungen oder Gewohnheiten, z. B. Einkaufsgewohnheiten, sind privat und somit der Zugangskontrolle berechtigt und wert.

Die Motive für Datensammler variieren sehr stark. Sie reichen von purer Neugier, was Voyeure oder auch Hacker antreiben kann, über Effizienzgründe, die ein Unternehmen wirtschaftlicher machen sollen, zum ökonomischen Profit und letzen Endes sogar bis hin zur Kontrolle und Überwachung, ggf. gegen den Willen und/oder das Wissen der betroffenen Person.

Eine Verletzung der informationellen Privatheit besteht im Kontroll- und Wissensverlust der betroffenen Person. Sie geht mit falschen Erwartungen über das Wissen was Dritte über sie haben umher und ihre Erwartungen beruhen auf falschen Vorraussetzungen. Somit finden ihre Handlungen und ihre Selbstdarstellung unter inkorrekten Annahmen statt, was ein selbstbestimmtes Verhalten unerwandert. Wüsste die Person von dem Wissen, was andere über sie haben, dann würde sie sich eventuelle anders verhalten. Somit ist sie in ihrer Authentizität und Autonomie verletzt, da sie ein Verhalten unter falschen Bedingungen ausübt. Weiß die Person nicht genau, ob sie beobachtet wird, führt es zu einer ‚als ob' Darstellung, ein Agieren als werde man beobachtet, was ein entfremdetes Verhalten bedeutet und somit ein Verlust an Autonomie im Sinne von Authentizität des Verhaltens darstellt. Auch wenn man von einer Beobachtung weiß, kann Autonomie untergraben werden, da man sich auf eine Überwachung einstellt, was einen an selbstbestimmtem, authentischem Verhalten hindert. Der Einwand, dass Personen nicht in ihrer Freiheit nicht eingeschränkt oder behindert werden, wenn die beobachtet/ belauscht werden oder über sie geredet wird, auch wenn sie von der Überwachung nichts wissen, ist somit widerlegt, da es in jedem Falle zu nicht authentischem Verhalten führt.

Der Schutz der informationellen Privatheit ist wichtig um das Selbstverständnis als autonome Person zu wahren. Man behält die Kontrolle über seiner Selbstdarstellung und somit Autonomie, was einem zudem eine kontrollierte Selbstöffnung anderen gegenüber erlaubt. Vorraussetzung für ein selbstbestimmtes Verhalten ist demzufolge auch immer die Annahme über Privatheit.[11]

6.2. Dezisionale Privatheit

Die dezisionale Dimension des Privaten betrifft individuelle Handlungs- und Entscheidungsräume. Durch sie werden persönliche Lebensentwürfe ermöglicht und sichergestellt. Verletzungen dieser Dimension bestehen in Einsprüchen, Eingriffen oder Einmischungen in Handlungen, Ziele, Projekte oder Verhaltens- und Lebensweisen einer Person. Es ist die Form des Privaten, die z. B. von einer Person in Anspruch genommen wird, wenn ihr Kommentare zu ihrer extravaganten Kleidung entgegengebracht werden. Ihr Schutz ist notwendig, um jedem Individuum das Leben seiner Freiheit in sozialen Raum zu ermöglichen, sodass persönliche Lebensweisen und Projekte ohne Einspruch anderer verfolgt werden können. Somit

---

[11] Siehe Abb. 2, S. 17. Autonomie als real gelebte Freiheit unter Vorraussetzung von Freiheit und Privatheit.

wird Zurückhaltung, Indifferenz, im Sinne von Respekt, oder Nichtwahrnehmung jedes Einzelnen jedem Einzelnen gegenüber verlangt. Die so geschaffene geistige Distanz untereinander kann Konflikt- und Spannungsfelder, die durch das Leben des Privaten im Öffentlichen hervorkommen, neutralisieren. Nur so ist ein autonomes Leben, frei von Rechtfertigungszwängen und frei zur experimentellen Selbstverwirklichung möglich.

6.3. Lokale Privatheit

Die lokale Privatheit beschreibt die klassische, traditionelle Vorstellung des Privaten, die Privatheit des Hauses, des Zimmers und somit auch von persönlichen Gegenständen im Raum. Geschützt in Räumen, den Augen Dritter entzogen, kann man anders leben und agieren als unter Beobachtung. Es ermöglicht authentisches Verhalten. Man findet Ruhe um das Verhältnis zu sich selbst zu finden, sich selbst zu inszenieren, z. B. mittels Raumgestaltung, und sich die praktische Frage nach dem eigenen Leben zu stellen. Zentrale Aspekte der vorher beschriebenen dezisionalen und informationellen Privatheit sind an die des Raumes gebunden. Erst mit Hilfe der mit ihr gegebenen Rückzugsmöglichkeiten wird die durch den Liberalismus gewährten Freiheiten umsetzbar und wichtige Aspekte der Autonomie lebbar: Selbstfindung und Selbstdarstellung. Ersteres beschreibt den Prozess des Findens zu sich selbst, was durch Selbstbeschreibung, -definition, -konfrontation und -entdeckung möglich wird. Selbstdarstellung hingegen erhält das Rollenspiel in einer Gesellschaft, indem Personen in unterschiedlichen Situation, Beziehungen und Kommunikation unterschiedliche Rollen spielen wollen und sollen. In privaten Rückzugsmöglichkeiten ist das Rollenspiel unnötig, was es Personen ermöglicht sich zu erproben und Rollen für individuelle Selbstinszenierung zu testen. Dies ist vergleichbar mit einem Theater: Auf der Bühne werden dem Publikum eingeübte Rollen vorgeführt, wohingegen in den Proberäumen hinter der Bühne Rollen entworfen, ausprobiert und geübt werden.

6.4. Zusammenfassung

Alle drei betrachteten Dimensionen des Privaten sind wichtige Vorraussetzungen für Autonomie. Lokale Privatheit gewährleistet jedem Individuum die Möglichkeit zur Selbsterfindung und Selbstdarstellung. Dezisionale Privatheit gibt einer Person Schutz vor Rechtfertigungszwängen, wodurch ihr eine autonome Lebensführung ermöglicht wird. Authentisches Bestimmen und Kontrollieren wer was über einen weiß, der kontrollierte Aufbau von unterschiedlich intensiven Beziehungen und somit die Kontrolle der Selbstdarstellung wird durch die informationelle Privatheit garantiert. Die autonome Lebensführung ist somit nur unter der Bedingung geschützter Privatheit möglich. Wir brauchen und schätzen die Dimensionen des Privaten, weil dort Autonomie ausgebildet, entworfen und ausgeübt werden kann. Eine Verletzung der Privatheit einer Person führt somit auch zur Verletzung ihrer Autonomie.

7. Schluss

Private Sphären und Räume werden benötigt, um die in einer modernen Gesellschaft beanspruchten und garantierten Freiheitsrechte leben zu können. Privatheit verlangt die Möglichkeit des Rückzuges und Schutz vor Eingriffen anderer, was die Respektierung und Achtung der Privatsphäre jedes Einzelnen durch die Gesellschaft voraussetzt. Nur durch selbstbestimmte Individuen, gewährleistete Privatheit und somit Autonomie ist die demokratisch-liberale Theorie praktizierbar. Die Begriffe Autonomie, Selbstbestimmung und Privatheit sind Stützen der liberalen Ordnung, bei der individuelle Rechte die Idee von Autonomie und Freiheit gegen unzulässige Eingriffe des Staates und der Gesellschaft schützen. Nur so kann das „liberale Ideal [...], selbstbestimmt – autonom – ein eigenes – authentisches – Leben führen zu können"[12] verwirklicht werden. Eine Demokratie, also Volksherrschaft, ohne authentisch handelnde, autonome Gesellschaftsmitglieder, entspricht nicht der Theorie dieser Gesellschaftsform. Doch die Stützwirkung ist nicht ein- sonder wechselseitig, denn auch die demokratische und liberale Ordnung selbst ist Vorraussetzung für das Existieren, Gewährleisten und die Möglichkeit der Umsetzung der drei betrachteten Begriffe, was deren Zusammenspiel erst ermöglicht.

---

[12] Rössler, *Der Wert des Privaten*, 2001, 36.

8. Literaturverzeichnis

Buchquellen

Battegay, Raymond; Rauchfleisch, Udo (Hrsg.): *Menschliche Autonomie*. Göttingen: Vandenhoeck & Ruprecht, 1990.

Ritter, J., Gründer, K., Gabriel, G.: *Historisches Wörterbuch der Philosophie*. Band 1: A – C. Basel: Schwabe, 1971.

Ritter, J., Gründer, K., Gabriel, G.: *Historisches Wörterbuch der Philosophie*. Band 9: Se – Sp. Basel: Schwabe, 1995.

Rössler, Beate: Der Wert des Privaten. Frankfurt: Suhrkamp, 2001.

Internetquellen

Müller, Günter; Eymann, Torsten; Kreutzer, Michael: *Privatheit*. Auszug aus *Telematik- und Kommunikationssysteme in der vernetzten Wirtschaft*. 2002. URL: http://www.vs.inf.ethz.ch/publ/se/AuszugPrivatheit.pdf [28.07.2006].

Pauer-Studer, Herlinde: *Privatheit: Ein ambivalenter, aber unverzichtbarer Wert*. Beitrag zur internationalen Konferenz „Privacy – A fundamental right with expiry date?" (Wien, 11.11.2002). URL: http://www.oeaw.ac.at/ita/privconf/pauer-studer.pdf [01.05.2006].

Rost, Martin: *Zur gesellschaftlichen Funktion von Anonymität. Anonymität im soziologischen Kontext*. 2003. URL: http://www.maroki.de/pub/privacy/dud3anon.pdf [28.07.2006].

Rössler, Beate: Auszug aus *Der Wert des Privaten*. In: Heinrich-Böll-Stiftung (Hrsg.): Save Privacy. Grenzverschiebungen im digitalen Zeitalter. Reihe Dokumentationen der Heinrich-Böll-Stiftung, Nr. 25, Dez. 2002, S. 7-18. URL: http://www.boell.de/downloads/medien/save_privacy_reader.pdf [01.05.2006].

Wikipedia, Die freie Enzyklopädie: *Autonomie (Philosophie)*. Bearbeitungsstand: 04.08.2006. URL: http://de.wikipedia.org/w/index.php?title=Autonomie_%28Philosophie%29&oldid =19768508 [11.08.2006].

Anhang

Abbildungsverzeichnis

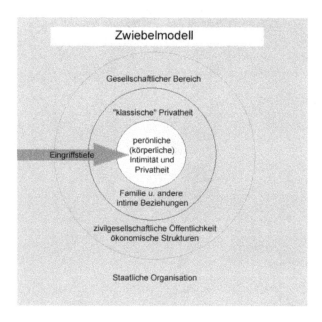

Abb. 1: Darstellung der Abgrenzung von privat und öffentlich mittels Zwiebelmodell

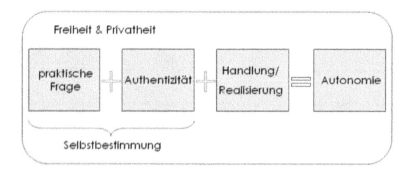

Abb. 2: Autonomie als real gelebte Freiheit unter Vorraussetzung von Freiheit und Privatheit